LES

MOBILES SECRETS

DE LA

POLITIQUE EUROPÉENNE

SOUS LES RÈGNES

DE LOUIS-PHILIPPE & DE NAPOLÉON III

PARIS
BLOUD ET BARRAL, LIBRAIRES-ÉDITEURS
4, RUE DE MADAME, ET 59, RUE DE RENNES
1886

LES

MOBILES SECRETS

DE LA

POLITIQUE EUROPÉENNE

LES

MOBILES SECRETS

DE LA

POLITIQUE EUROPÉENNE

SOUS LES RÈGNES

DE LOUIS-PHILIPPE & DE NAPOLÉON III

PARIS
BLOUD ET BARRAL, LIBRAIRES-ÉDITEURS
4, RUE DE MADAME, ET 59, RUE DE RENNES
—
1886

POUR TENIR LIEU DE PRÉFACE

A M. X., ancien ROSE-CROIX :

Paris, le 1er Octobre 1885.

Mon cher ami,

Je vous écrivis, il y a quelques mois déjà, pour vous dire que votre histoire des Sociétés secrètes *me semblait un peu écourtée.*

Vous fûtes de mon avis.

« *La politique européenne, sous le règne de Napoléon III,* « *ajoutiez-vous, est une espèce d'énigme indéchiffrable,* « *pour qui n'en connaît pas les mobiles secrets. Or, pour* « *connaître ces mobiles, il faut d'abord savoir quels ont été,* « *depuis un demi-siècle, les agissements de la maçonnerie.*

« *Mon histoire des* Sociétés secrètes *est, je l'avoue en* « *toute humilité, incomplète sous ce rapport, mais il est* « *facile de la compléter.*

« *Je vous envoie donc, suivant le désir que vous m'en* « *exprimez, des notes que vous pourrez ajouter au volume* « *paru, pour la deuxième édition que l'on prépare en ce* « *moment.*

« *Soyez assez aimable pour les mettre en ordre et leur* « *donner une tournure qui en rende la lecture suppor-* « *table.* »

J'ai fait, mon cher ami, ce que vous désiriez.

Je vous adresse un paquet d'épreuves. Veuillez les lire attentivement et me dire si j'ai été l'interprète fidèle de vos pensées. En attendant, je vous prie, cher maître, de croire à tous mes sentiments de vieille affection.

BERTRAND,

Ancien imprimeur-éditeur.

M. X., ancien ROSE-CROIX, à M. I. Bertrand :

Briançon, le 15 octobre.

Mon vieil ami,

Mes compliments et mes remerciements les plus sincères. Vous m'avez compris, et vous avez donné à mes notes une forme irréprochable.

Vous avez laissé de côté toute phraséologie, pour raconter simplement les faits. Très bien ! L'histoire ne doit pas ressembler à un plaidoyer, ce plaidoyer fût-il éloquent.

Je connais certaines gens qui ne trouveront pas ce chapitre de leur goût :

Républicains, bonapartistes et admirateurs de la monarchie de Juillet nous voueront l'un et l'autre aux dieux infernaux, moi, parce que je vous ai dit : « Voilà la vérité », et vous, parce que vous vous êtes fait mon collaborateur, avec l'idée bien arrêtée de ne flatter personne.

Si les intéressés se fâchent et menacent de nous lapider, vous ferez bien de gagner le large, à moins que vous n'ambitionniez le genre de martyre qui valut à saint Etienne la possession du Ciel.

*Quant à moi, j'échapperai à cette gloire, grâce à l'*incognito *que vous m'avez vous-même conseillé de garder.*

*L'*incognito *est chose fort commode, utile quelquefois, mais en général peu lucrative.*

Si j'écrivais mon nom au bas de ces confidences, je courrais le même danger que vous, et peut-être, — qui sait ! — un danger plus sérieux.

Voilà qui est fort bien !

Mais en restant derrière les coulisses, je renonce à l'honneur d'être garde champêtre de mon village, le jour où les adversaires de la Maçonnerie arriveront au pouvoir.

Il y aurait là de quoi rendre perplexes certains ambitieux que vous connaissez ; car ils ne veulent ni conquérir les palmes du martyre, ni renoncer à l'honneur de porter une plaque de cuivre sur la poitrine et, sur la tête, un képi vert galonné de blanc.

Pour nous, ne songeons qu'à faire notre devoir.

Ecrivons l'histoire comme d'honnêtes gens doivent l'écrire, sans autre souci que celui de dire la vérité.

Je vous envoie ces quelques lignes des montagnes du Briançonnais.

J... m'en faisait, l'année dernière, une description tellement séduisante, que j'ai voulu les voir. Je les ai vues.

C'est beau. Je crois cependant que notre ami exagérait les choses.

Maintenant que la neige vient, à son tour, visiter ces hauteurs, je n'ai rien de mieux à faire qu'à me réfugier dans les vallées.

Tout vôtre... X., ancien ROSE-CROIX.

LES

MOBILES SECRETS

DE LA

POLITIQUE EUROPÉENNE

I

Chefs politiques de la Maçonnerie sous Louis-Philippe et le 2e Empire. — Napoléon III. — Sa naissance, ses antécédents maçonniques, son intelligence comme homme d'Etat. — Traité secret conclu dans la prison de Ham entre Louis-Napoléon et le duc de Brunswick.

Pour bien comprendre les événements actuels et le rôle que joue la Franc-Maçonnerie depuis 1870, il faut jeter un coup d'œil en arrière et étudier les agissements plus ou moins occultes des hommes politiques qui ont précédé en Europe ceux qui sont maintenant au pouvoir.

Louis-Philippe, Napoléon III, Palmerston, Victor-Emmanuel et Cavour sont les cinq personnages autour desquels ont évolué, pendant de longues années, les meneurs des Loges maçonniques.

On a dit bien des fois que l'unité de l'Italie et l'unité de l'Allemagne sont l'œuvre de Napoléon III.

La seule chose qu'il soit possible d'affirmer, c'est que si Napoléon n'était pas arrivé au trône, la carte de l'Europe serait aujourd'hui ce qu'elle était après 1815.

L'unité de l'Italie et l'unité de l'Allemagne faisaient partie du programme maçonnique avant que le Prince n'eût recueilli la succession de son oncle.

Poussé à l'Empire par les sociétés secrètes, il a mis l'épée de la France au service des Loges et leur a facilité le moyen de réaliser un rêve qu'il eût dû repousser dans l'intérêt de notre pays.

Pendant une partie de son règne, Napoléon III a été à la merci de lord Palmerston qui obéissait lui-même à la Maçonnerie dont il était le chef.

Beaucoup de gens, voyant les fautes commises par l'Empereur, allaient jusqu'à lui dénier toute intelligence politique. Ils citaient, à l'appui de leur opinion, ce mot sanglant d'un diplomate anglais : « *C'est une incapacité « méconnue* », et ce jugement quelque peu cruel du prince Napoléon : « Que la France dissimule qu'elle a pris un « oison pour un aigle, cela se conçoit ; on convient diffi- « cilement qu'on ait pu se tromper à ce point ; mais que « l'Europe donne dans cette grossière hérésie de croire « cet homme intelligent, cela tient du prodige. »

L'Empereur ne manquait ni d'habileté ni de finesse. Il manquait de sens moral.

On raconte qu'une dame anglaise ayant demandé à lord Cowley si Napoléon parlait bien, le diplomate répondit : « Il parle peu, mais il ment toujours. »

La duplicité dont il fit preuve, pendant tout le temps de son règne, ne l'a pas empêché d'être l'instrument docile des Loges et de collaborer à l'œuvre de Cavour d'abord et à celle de Bismarck ensuite, au détriment du pays qui lui avait confié ses destinées.

On traite généralement de calomniateurs ceux qui prétendent que Napoléon III n'était pas le fils de l'ancien roi de Hollande.

Il n'y avait rien dans sa figure, il faut le reconnaître, qui rappelât de près ou de loin le type connu des Bonapartes.

Mais on ne saurait en conclure que sa naissance fût illégitime.

Les détracteurs du Prince le comprennent fort bien. Aussi apportent-ils un argument plus sérieux à l'appui de leur dire.

Ils rappellent qu'après l'insurrection des Romagnes, en 1831, le roi Louis Bonaparte, le père putatif du futur empereur, écrivit au pape Grégoire XVI la lettre que voici :

« Saint-Père, mon âme est accablée de tristesse, et j'ai « frémi d'indignation quand j'ai appris la tentative cri- « minelle de mon fils (frère aîné de Louis-Napoléon) « contre votre Sainteté... Le malheureux est mort, que « Dieu lui fasse miséricorde ! Quant à l'autre (Louis- « Napoléon), qui usurpe mon nom, vous le savez, Saint- « Père, celui-là, grâce à Dieu, ne m'est rien. J'ai le « malheur d'avoir pour femme une Messaline... »

Cette lettre a été publiée comme authentique par le baron de Hübner dans l'ouvrage intitulé : « *Le Dernier des Napoléons.* »

Enfin les partisans de cette opinion font observer que Napoléon III avait une ressemblance frappante avec le duc de Morny, son frère adultérin, et qu'il était, comme lui, fils du comte de Flahaut et de la reine Hortense.

Quoi qu'il en soit, voici ce que nous lisons dans un article biographique dû à la plume de Philippe Lebas, le précepteur de Louis-Napoléon. Ce Philippe Lebas était le fils du conventionnel que ses crimes ont rendu célèbre autant sinon plus que les liens d'amitié qui l'unirent à Robespierre.

« Louis Bonaparte, dit cet écrivain, ayant abdiqué la « couronne de Hollande, le jeune Louis-Napoléon passa « sa première enfance à Paris (où il était né, loin du roi « de Hollande dont sa mère était alors séparée de fait). « La proscription qui en 1816 frappa sa famille le fit sor- « tir de France au moment où un jugement de séparation « de corps et de biens prononcé entre ses parents le laissa « *confié aux soins de sa mère,* tandis que *son frère allait* « *rejoindre son père.* (C'est celui dont le roi Louis déplo- « rait la mort dans sa lettre au Pape.) Confié à l'âge de

« douze ans aux soins du fils du conventionnel Lebas,
« Louis-Napoléon reçut une éducation *libérale*, et les
« principes de son gouverneur le préservèrent du mal-
« heur d'être élevé en prince. Lorsqu'en février 1831,
« Modène, Parme et la Romagne commencèrent le mou-
« vement insurrectionnel, les deux frères rejoignirent
« les insurgés qui marchèrent sur Rome. Mais le gou-
« vernement provisoire, craignant de déplaire au gouver-
« nement français en tolérant la présence de deux Bona-
« partes dans les rangs de l'armée libérale, rappela les
« princes à Bologne. Ils obéirent pour ne pas compro-
« mettre l'autorité révolutionnaire et se retirèrent à
« Forli. Là, l'aîné, Napoléon Bonaparte, tomba subite
« ment malade et mourut, au bout de deux jours de con-
« vulsions, dans les bras de son frère. »

Encore un détail qui a son importance.

Quelques écrivains ont soutenu que Napoléon III n'avait jamais fait partie de la secte franc-maçonnique, et sont entrés, à ce sujet, dans une foule de détails plus plus ou moins ingénieux.

On sait que, dans son interrogatoire, Orsini s'est expliqué à ce sujet de la façon la plus catégorique.

Il a déclaré que Louis-Napoléon avait été reçu carbonaro à Césène, que le Prince avait pris alors et renouvelé plus tard l'engagement formel de travailler à l'unité de l'Italie, engagement qu'il méconnaissait depuis son arrivée au pouvoir. Il ajouta que les sociétés secrètes lui avaient donné mission de frapper le coupable.

En 1867, on a publié à Londres un ouvrage intitulé : *Lettres et correspondances de Th. Slingby-Duncombe*. On y trouve des détails extrêmement curieux sur les relations politiques de Louis-Napoléon avec le duc de Brunswick, à l'époque où le futur empereur était encore prisonnier à Ham.

En 1845, Duncombe envoya auprès de Napoléon son

secrétaire particulier, afin d'amener une entente entre les deux prétendants.

D'un côté, le duc de Brunswick s'engageait à faire servir son énorme fortune au rétablissement de l'Empire, et de l'autre, Louis-Napoléon promettait qu'une fois arrivé, il remettrait le duc aux diamants en possession de ses Etats et travaillerait de tout son pouvoir *à l'unification de l'Allemagne.*

On rédigea un contrat en bonne et due forme, dans lequel les devoirs mutuels des deux parties étaient nettement stipulés.

Cette pièce est consignée dans le livre que je viens de mentionner ci-dessus, et je ne sache pas que Napoléon III et le duc de Brunswick en aient contesté l'authenticité.

Palmerston était, sur ce point, en communion d'idées avec les deux contractants.

Le 12 mai 1849, le *Globe,* un des organes les plus avérés des sociétés secrètes à cette époque, publiait un programme politique élaboré par le ministre anglais.

En voici les points les plus saillants :

1° Destruction de l'équilibre européen tel que l'ont établi les traités de 1815 ;

2° Création d'un royaume d'Italie sous la domination de la Maison de Savoie ;

3° Unification de l'Allemagne au profit de la Prusse ;

4° Suppression du pouvoir temporel des Papes.

II

Conservateurs et radicaux. — Le parti d'action veut en finir avec l'Eglise. — Tactique des Maçons diplomates contre la Papauté. — Leur *Memorandum.* — Louis-Philippe, Palmerston et Grégoire XVI. — La Prusse et l'Autriche désavouent leurs représentants.

Le rôle dissolvant de Palmerston remonte à l'époque où la révolution renversa le trône de Charles X.

Mes lecteurs se souviennent probablement de tout ce

que tentèrent les membres de la secte pour se débarrasser de Louis-Philippe. S'ils ne réussirent pas tout d'abord, c'est parce que la Maçonnerie se divisa en deux fractions rivales, dès le début du règne.

Les Maçons appartenant à la bourgeoisie ne voulaient pas entendre parler de la chute du nouveau souverain, parce qu'étant au pouvoir ils tenaient à y rester. Les intransigeants, au contraire, cherchaient à supprimer la monarchie, parce que, n'étant rien, ils aspiraient à devenir quelque chose.

Ce perpétuel antagonisme des maigres et des gras permit à Louis-Philippe de régner jusqu'en 1848, époque où les deux éléments de la Maçonnerie s'unirent de nouveau.

Les conservateurs de l'Ordre, — il est bon de le faire observer — n'ont jamais cessé de lutter contre l'Eglise de concert avec le parti d'action. Ils se sont même efforcés de diriger le mouvement, afin d'en assurer le succès.

Les opportunistes, comme on le voit, n'ont pas inventé l'aphorisme qui leur sert de devise : *Marcher lentement pour arriver plus sûrement.* La diplomatie européenne. dirigée par lord Palmerston, en faisait déjà sa règle de conduite. Le but constant de la secte maçonnique était, alors comme aujourd'hui, l'anéantissement du catholicisme. Mais, alors comme aujourd'hui, les Loges comptaient un nombre considérable d'esprits turbulents qui voyaient d'un mauvais œil la tactique savante de leurs chefs.

Pour éviter le péril qui les menaçait, ceux-ci dirigèrent ostensiblement leurs attaques contre le Saint-Siège.

La révolution cosmopolite ayant annoncé qu'elle voulait en finir avec l'Eglise, les hommes d'Etat dont nous parlons saisirent ce moment pour demander au Souverain-Pontife les *réformes* que réclamait le carbonarisme.

« L'Autriche qui cherche à maintenir à tout prix la

paix dans la péninsule italienne, dit l'auteur de *l'Eglise romaine en face de la Révolution* (1), est d'avis que le Pape peut très bien, vu l'imminence du péril, se prêter à des concessions inoffensives. La France en propose un simulacre. afin, s'il est possible, de fermer la bouche aux orateurs et aux journaux qui stipulent au nom des sociétés secrètes. »

La méthode est toujours la même.

« On plaçait l'Eglise inopinément, continue l'auteur que je viens de citer, en face de certains mécontents, dont on élevait l'irritation jusqu'au sublime du patriotisme. Bon gré mal gré. on contraignait les grandes puissances à se porter caution pour les rebelles. En exagérant d'un côté les plaintes faites au Pape sur son gouvernement, en répandant de l'autre parmi les masses tantôt que le Saint-Siège avait concédé, tantôt qu'il s'était obstiné à refuser, on semait la désaffection, on entretenait l'esprit de trouble, et on arrivait peu à peu à une situation insoluble. Seymour avait ordre de placer un jalon anglais en vue de soulèvements ultérieurs. Il devait offrir aux carbonari un prétexte toujours plausible d'émeute, et à l'Angleterre un motif toujours quémandé d'intervention immorale, offerte aux citoyens par ses exigences contre le Prince.

« Ce double but fut atteint, et les sociétés secrètes se trompèrent si peu sur l'importance de la mission anglaise que, dans l'abandon de leurs lettres intimes, elles se félicitent du succès, même avant l'entreprise. »

Les diplomates européens rédigèrent un *Memorandum* où l'impudence le dispute à la fourberie.

Ils demandaient :

1° Que le gouvernement pontifical fût assis sur les

(1) T. III, pp. 199 et suiv.

bases solides des améliorations et d'une garantie intérieure qui le *mît à l'abri des changements* inhérents à la nature de tout gouvernement électif ;

2° Que ces améliorations fussent appliquées non seulement aux provinces qui avaient manifesté leur mécontentement, mais aussi à celles qui n'avaient point réclamé et, en particulier, à la capitale ;

3° Que les laïques fussent admis aux fonctions administratives et judiciaires ;

4° Que l'on rétablît le système des municipalités élues par la population, et que le Pape accordât, par voie de conséquence, les franchises municipales qui servent de base indispensable à toute amélioration administrative ;

5° Qu'il fût créé une junte ou assemblée nationale dont les membres seraient nommés par les conseils locaux.

Ce *factum* fut l'œuvre de Bunsen, commissaire du roi de Prusse et l'un des membres les plus influents de la Maçonnerie. Ses collègues de la conférence opinèrent du bonnet.

Cette pièce était sans contredit le document le plus perfide et le plus audacieux qu'eût encore rédigé la diplomatie depuis 1789. Le gouvernement de Juillet mit le comble à cette sinistre plaisanterie. Il promit sa garantie au Pape, à la condition que les *réformes* réclamées dans le *Memorandum* seraient promulguées comme lois.

Grégoire XVI fit à ces offres de Louis-Philippe l'accueil qu'elles méritaient.

« La barque de Pierre, dit-il, a subi de plus rudes épreuves que celle-là. Nous braverons certainement la tempête. Que le roi Philippe d'Orléans garde pour lui-même la tranquillité qu'il voudrait nous vendre au prix de l'honneur : *Son trône croulera*, mais celui-ci, non ! »

Peu de temps après, les carbonari levaient une fois de plus l'étendard de la révolte.

Palmerston en profita, en sa qualité de grand maître de tous les Orients, pour demander au Pontife des *institutions représentatives complètes, la liberté illimitée de la presse et la garde nationale !*

Le cardinal Bernetti fit au ministre anglais une réponse à laquelle probablement ne s'attendait pas ce triste personnage :

« Le Saint-Siège, lui dit-il, prend en très grave considération les demandes du cabinet anglais ; mais il regarde les institutions représentatives et la liberté illimitée de la presse moins comme un danger pour l'Eglise que comme une impossibilité pour toute espèce de gouvernement sérieux. La révolution a seule intérêt à faire prévaloir de pareilles utopies *qu'elle se hâte de supprimer aussitôt qu'elle triomphe.*

« Quant à la garde nationale, Sa Sainteté n'est pas complètement édifiée sur les avantages et les inconvénients qu'offre cette institution civico militaire. Le bien et le mal se balancent ; et lorsque le gouvernement anglais en aura fait lui-même l'expérience à Londres pendant quinze ou vingt ans, le Saint-Père alors pourra adopter une mesure que la Grande-Bretagne propose toujours aux autres et ne semble jamais vouloir accepter pour elle-même. »

Le roi de Prusse, comprenant, après mûre réflexion, ce qu'il y avait de dangereux pour ses propres Etats dans la manœuvre diplomatique dirigée contre le Saint-Siège, désavoua M. de Bünsen, et l'Autriche signifia à son envoyé de repousser ce que le *Memorandum* renfermait de trop impérieux. Seules l'Angleterre et la France continuèrent à se servir de cette pièce comme d'une machine de guerre contre la Papauté.

III

Mazzini. — La Jeune Italie, la Jeune Europe, la Jeune Allemagne, la Jeune Suisse. — L'assassinat érigé en principe. — But de la secte mazzinienne. — Statuts de la Jeune Italie. — Le trône de Louis-Philippe est menacé. — Le maréchal Soult et la Maçonnerie.

L'action toute-puissante de Mazzini sur le carbonarisme italien remonte à cette époque.

Pendant que le célèbre conspirateur fondait la Société connue sous le nom de Jeune Italie, d'autres sectaires organisaient, à son instigation, la Jeune Allemagne, la Jeune Suisse et la Jeune Europe.

Les conjurés se rendirent tristement célèbres par de nombreux assassinats politiques.

Mazzini était l'inspirateur de ces mystérieuses exécutions, dont les auteurs échappèrent à peu près toujours aux investigations de la justice.

Un carbonaro missionnaire, le juif Piccolo-Tigre (1), écrivait de Livourne à un membre de la secte connu sous le pseudonyme de Nubius, le 5 janvier 1846 :

« Dans mes voyages, j'ai vu beaucoup de choses et très peu d'hommes. Nous aurons une foule de dévouements subalternes, et pas une tête, pas une épée pour commander. Le talent est plus grand que le zèle. Ce brave Mazzini, que j'ai rencontré à diverses reprises, a toujours dans la cervelle et à la bouche son rêve humanitaire. Mais à part ses petits défauts et *sa manière de faire assassiner*, il y a du bon chez lui. Il frappe par son mysticisme l'attention des masses qui ne comprennent rien à ses grands airs de prophète et à ses discours d'illuminé cosmopolite. »

(1) Piccolo-Tigre est un nom de guerre.

L'influence de cet *illuminé* devint telle que les grands Etats de l'Europe durent compter avec lui.

Son autorité, d'ailleurs, était reconnue sans conteste non seulement par la Jeune Italie, mais encore par les autres associations ténébreuses que je viens de citer.

Voici quel était le but et le plan de la secte mazzinienne, d'après Mazzini lui-même :

« La régénération doit se faire, dans les grands pays comme la France, par le peuple ; dans les autres, notamment en Italie, par les princes.

« Le Pape entrera dans la voie des réformes par la *nécessité;* le roi de Piémont par l'*idée de la couronne d'Italie;* le grand-duc de Toscane par inclination, par faiblesse, par imitation ; le roi de Naples *par contrainte.*

« Les peuples qui auront obtenu des constitutions, qui auront acquis par là le droit d'être exigeants, pourront *parler à haute voix et commander l'insurrection.* Ceux qui seront encore sous le joug de leurs princes devront exprimer leurs besoins en chantant, pour ne pas trop effrayer et ne pas trop déplaire.

« Profitez de la moindre concession pour réunir et remuer les masses, en *simulant la reconnaissance ;* les fêtes, les hymnes et les attroupements donneront l'élan aux idées, et, rendant le peuple plus exigeant, l'éclaireront sur sa force. »

L'organisation de la Jeune Italie était digne du but que se proposait son fondateur. Que mes lecteurs en jugent.

« Art. 1er. — La Société est instituée pour la destruction indispensable de tous les gouvernements de la péninsule et pour former un seul Etat de toute l'Italie, sous le régime républicain.

« Art. 2. — Ayant reconnu les horribles maux du pouvoir absolu et ceux plus grands encore des monarchies constitutionnelles, nous devons travailler à fonder une république une et indivisible. »

Nous conseillons une lecture attentive des articles suivants à ceux qui ont la naïveté de croire que les sociétés secrètes sont un épouvantail dont se servent les catholiques pour effrayer les populations, et les ramener aux idées religieuses :

« Art. 30. — Ceux qui n'obéiront pas aux ordres de la société secrète ou qui en dévoileraient les mystères *seront poignardés sans rémission. Même châtiment pour es traîtres.*

« Art. 31. — Le tribunal secret prononcera la sentence et désignera un ou deux affiliés pour son exécution immédiate.

« Art. 32. — Quiconque refusera d'exécuter l'arrêt sera censé parjure, et, comme tel, *tué sur-le-champ.*

« Art. 33. — Si le coupable s'échappe, il sera *poursuivi sans relâche, en tout lieu, et il devra être frappé par une main invisible, fût-il sur le sein de sa mère ou dans le tabernacle du Christ.*

« Art. 34. — Chaque tribunal secret sera compétent, non seulement pour *juger les adeptes coupables,* mais pour *faire mettre à mort* toute personne qu'il aura frappée d'anathème. »

Comme on a pu le voir par la lettre de Piccolo-Tigre à Nubius, les statuts de la Jeune Italie ne restèrent pas à l'état de lettre morte. Mazzini était un homme pratique et *ses rêves humanitaires* ressemblèrent plus d'une fois à des coups de poignard.

« Pour tuer sûrement le vieux monde, disait encore Piccolo-Tigre dans la correspondance que je viens de citer, nous avons cru qu'il fallait étouffer le germe catholique et chrétien, et vous, avec l'audace du génie, vous vous êtes offert pour frapper à la tête, avec la fronde d'un nouveau David, le *Goliath pontifical.* C'est très bien, mais quand frappez-vous ? J'ai hâte de voir les sociétés secrètes aux prises avec ces cardinaux de l'Esprit-Saint, pauvres natures étiolées qu'il ne faut jamais sortir du cercle dans lequel l'impuissance ou l'hypocrisie les renferma. »

Le doute n'est plus possible, après ce qu'on vient de lire; en minant le terrain sous le trône pontifical, les Etats monarchiques préparaient leur propre ruine. Les sociétés secrètes le savaient bien. Aussi poussaient-elles sans cesse les puissances européennes à discréditer dans l'esprit des populations le pouvoir temporel des Papes.

En France, les divers ministères que Louis-Philippe appela au pouvoir ne se bornèrent point là. Ils cherchèrent à tuer l'esprit religieux dans les masses, en déchaînant la mauvaise presse et en entravant le plus possible l'enseignement religieux.

Le châtiment était proche.

On peut dire qu'à partir de 1845 la monarchie de Juillet n'eut plus qu'une existence précaire.

Pour tout homme un peu clairvoyant, la prophétie de Grégoire XVI ne devait pas tarder à se réaliser.

Le maréchal Soult, frappé du péril que courait la nouvelle dynastie, défendit aux militaires de s'affilier aux Loges. Les chefs de la Maçonnerie, le duc Decaze en tête, firent des démarches auprès du ministre de la guerre, pour obtenir qu'il revînt sur sa décision. Mais rien ne put le fléchir.

L'irritation des adeptes fut extrême. Voyant qu'ils ne pouvaient plus se servir de Louis-Philippe comme d'un instrument docile, ils résolurent de s'en défaire.

Une grande réunion maçonnique eut lieu à Strasbourg dans le courant de 1817.

Le 24 février de l'année suivante, le trône du roi-citoyen s'écroulait, à la grande surprise de ceux qui n'étaient pas initiés.

IV

Pie IX pape. — Sa popularité. — Les sectaires en profitent pour fomenter des désordres. — Conseils de Mazzini à ses adeptes. — Rossi devient ministre de Pie IX. — Il est assassiné.

Le 1er juin 1846, Grégoire XVI était mort. Le 16 du même mois, le Conclave lui donnait pour successeur le cardinal Mastai, archevêque d'Imola, qui prit le nom de Pie IX.

Le nouveau Pape joignait à une vertu éminente et à une science peu commune d'inépuisables trésors de bonté.

Des manifestations enthousiastes accueillirent son exaltation, non seulement en Italie, mais dans le monde entier.

Dès son arrivée au pouvoir, Pie IX publia un décret d'amnistie en faveur des condamnés politiques. Etaient seuls exceptés de ce grand acte de générosité souveraine les prêtres, les officiers et les employés des diverses administrations.

A partir de ce moment, la popularité du nouveau Pape ne connut plus de bornes.

Malheureusement, les sociétés secrètes veillaient. Elles mirent tout en œuvre pour utiliser à leur profit les sages réformes introduites par Pie IX dans l'organisation intérieure de ses Etats.

Grâce aux manœuvres souterraines de la secte, les membres de l'aristocratie elle-même trouvèrent que le Pape n'était pas assez libéral, et les grandes dames s'en allaient répétant que le chef de l'Eglise devrait se contenter du spirituel et laisser à leurs maris le soin de gouverner le temporel.

Mazzini dirigeait le mouvement.

« L'Italie, écrivait-il à ses adeptes, est encore ce qu'était la France avant la Révolution ; il lui faut donc ses Mirabeau, ses Lafayette et tant d'autres. Un grand seigneur peut être retenu par des intérêts matériels, mais on peut le prendre par la vanité : laissez lui le premier rôle tant qu'il voudra marcher avec vous. Il en est peu qui veuillent aller jusqu'au bout. L'essentiel est que le terme de la grande révolution leur soit inconnu. *Ne laissons jamais voir que le premier pas à faire.*

« Un roi donne une loi plus libérale, applaudissez en demandant celle qui doit suivre ; le ministre ne montre que des intentions progressistes, donnez-le pour modèle ; un grand seigneur affecte de bouder ses privilèges, mettez-vous sous sa direction : s'il veut s'arrêter, vous êtes à temps de le laisser, il restera isolé et sans force contre vous, et vous aurez mille moyens de rendre impopulaires ceux qui seront opposés à vos projets. »

Pendant que ces choses se passaient en Italie, la France essayait de se constituer en République. L'expérience faite par elle en 93 ne l'avait pas suffisamment dégrisée.

L'impôt des 45 centimes et les journées de Juin signalèrent l'avènement de l'anarchie républicaine, succédant à la monarchie révolutionnaire de 1830.

Le triomphe de la secte dans notre pays fut un encouragement pour le carbonarisme italien. Des désordres d'une incontestable gravité s'étaient produits à Rome. Après avoir crié : *Vive Pie IX!* le peuple en était venu, poussé par les sectaires, à crier : *A bas le Pape !*

Le chef de l'Eglise ne se faisait aucune illusion sur l'état des esprits dans la Ville éternelle. Afin d'arrêter la marche de la révolution, il prorogea la Chambre et chargea Rossi de former un nouveau ministère.

L'énergie du ministre était connue des meneurs de la

charbonnerie, qui résolurent d'en finir avec lui. Il fut jugé et condamné à mort.

Dans une lettre qui a été rendue publique, Mazzini avait déclaré que cette mort était indispensable. On tira au sort les affidés qui devaient exécuter la sentence. Celui qui avait pour mission de frapper le ministre s'exerça sur un cadavre dans un hôpital de Rome.

Le 15 novembre 1848, Rossi se dirigea vers la chancellerie pour l'ouverture de la Chambre. A peine s'était-il engagé dans l'escalier du palais, qu'il se sentit frappé par derrière. Comme l'avait prévu l'assassin, le ministre se retourna afin de voir qui l'avait heurté. Ce fut à ce moment précis que le délégué de la secte lui plongea son poignard dans la gorge.

Le bandit put se retirer sans être inquiété. Il se contenta de dire, en rejoignant ses complices : *C'est fait!* Ni les carabiniers ni la garde civique ne firent un mouvement pour arrêter les coupables. La Chambre elle-même demeura impassible.

Le poignard, rouge de sang et entouré de fleurs, fut promené en triomphe dans les rues de Rome.

V

La Republique en France. — Le suffrage universel trompe l'attente de la secte. — Les chefs de la Maçonnerie déçus décident que l'Empire sera retabli au profit de Louis-Napoléon Bonaparte — Le Prince est elu président — Son attitude équivoque. — Les conservateurs se rallient à lui. — Le coup d'Etat. — Complicité des Loges. — Confidence de Misley au P. N. Deschamps. — Manœuvres coupables de Palmerston pour hâter la reconnaissance de l'Empire par les puissances européennes. — Sà disgrâce. — Misley prédit son retour aux affaires.

La France, mieux inspirée que les Romains, résista à l'impulsion des Loges. Le suffrage universel se retourna contre ceux qui l'avaient inventé et choisit ses mandataires dans les rangs du catholicisme.

Voyant que la République était sans avenir. la Maçonnerie recourut à un autre expédient.

Elle accepta la forme monarchique, à la condition, toutefois, que le souverain serait choisi par elle. Cette combinaison, s'il faut en croire Eckert et Misley, dont l'opinion est d'un grand poids, fut l'œuvre de Palmerston. Mazzini résista d'abord, puis finit par céder.

Le Carbonarisme italien et la Maçonnerie française portèrent leurs vues sur Louis-Napoléon Bonaparte.

Le nom des Napoléons était populaire en France et devait faciliter à celui qui en avait hérité le moyen d'arriver au pouvoir. Quant aux tendances politico-religieuses du Prince, les Loges les connaissaient. Ses antécédents étaient une garantie aux yeux des sectaires. Initié par Orsini, le père de celui qui devait plus tard attenter à ses jours, il avait fait le serment *de détruire le principat romain, de mettre fin à l'Eglise catholique* et de travailler à l'unification de l'Italie.

On sait qu'en 1831 il écrivait à Grégoire XVI pour le supplier de renoncer au pouvoir temporel.

A partir du jour où Louis-Napoléon posa sa candidature à la présidence de la République, la Maçonnerie française se divisa de nouveau en deux camps, comme après l'avènement de Louis-Philippe.

Les hommes d'action, prévoyant ce qui devait arriver un peu plus tard, votèrent contre le prétendant. Les conservateurs de la secte, au contraire, prirent fait et cause pour lui.

A la Chambre des députés, le Prince avait constamment agi avec une prudence extrême, flattant tour à tour catholiques et républicains.

L'expédition de Rome, entreprise malgré lui, fut menée à bonne fin en dépit de ses agissements.

Sa lettre à Edgard Ney est demeurée célèbre.

On y lisait, entre autres énormités, la phrase que voici :

« Je résume ainsi le rétablissement du pouvoir temporel du Pape : *Amnistie générale, sécularisation de l'administration, code Napoléon, et gouvernement libéral.* »

C'était le *Memorandum* rédigé par M. de Bunsen et approuvé par la diplomatie européenne, moins la phraséologie entortillée de ce fameux document.

Il n'y avait plus de doute, Louis-Napoléon se faisait, comme autrefois Louis-Philippe, le porte-voix et l'agent de cette Maçonnerie égoïste et cupide qui voulait avant tout conserver sa fortune et exercer le pouvoir, persécuter l'Eglise et témoigner de son respect pour le *principe religieux.*

Dès lors, il était facile de voir qu'il y aurait scission et lutte acharnée entre les maigres et les gras.

Cependant, les chefs du parti catholique continuaient à se tenir sur la réserve.

Napoléon chercha le moyen de se les attacher.

Il écrivit dans ce but la lettre qu'on va lire au nonce du Pape à Paris :

« Monseigneur, je ne veux pas laisser accréditer auprès de vous les bruits qui tendent à me rendre complice de la conduite que tient à Rome le prince de Canino.

« Depuis longtemps je n'ai aucune relation avec le fils aîné de Lucien Bonaparte, et je déplore de toute mon âme qu'il n'ait point senti que le maintien de la souveraineté temporelle du chef vénérable de l'Eglise était intimement lié à l'éclat du catholicisme comme à la liberté et à l'indépendance de l'Italie. Recevez, Monseigneur, l'assurance de mes sentiments de haute estime. *Louis-Napoléon Bonaparte.* »

« Je suis oiseau, voyez mes ailes ;
« Je suis souris, vivent les rats ! »

MM. de Montalembert, de Falloux, Bugeaud, le comte

Molé, Berryer, etc., se laissèrent prendre à ces belles protestations et se rallièrent au nourrisson des sectes italiennes.

Le coup d'Etat vint couronner cette comédie sinistre.

Les chefs de la Maçonnerie restèrent tranquilles. Quelques-uns d'entre eux, en province, ne poussèrent à la résistance que pour trahir, le moment venu.

Les honnêtes gens du parti, les imbéciles et les coquins de bas étage furent les seuls à prendre les armes.

Les autres disparurent, après avoir reçu la récompense à laquelle ils avaient droit comme agents provocateurs.

Je pourrais en citer trois, notamment, qui furent nommés commissaires de police dans des villes importantes, après avoir poussé à la révolte les malheureux qui les avaient pris au sérieux, parce qu'ils étaient placés à la tête de leurs loges.

Le P. N. Deschamps se lia avec Misley vers 1850. Misley était membre du comité directeur et l'un des personnages les plus influents de la Maçonnerie.

Cela dit, je donne la parole à l'auteur des *Sociétés secrètes et la Société :*

« L'année suivante, peu après le coup d'Etat, il (Misley) m'écrivait encore de Montpellier, tant c'était l'esprit général des Sociétés secrètes et l'exécution d'un complot arrêté depuis longtemps dans leurs conciliabules et les hauts conseils de Palmerston pour la destruction de la Papauté :

« Je crois que l'initiative du *branle-bas* sera donnée « par Louis-Napoléon. Je vous dirai franchement que je « suis enchanté de toutes ces tempêtes..... Si la religion « n'était pas menacée dans le Pape, *si je ne savais pas « que tous les efforts, en Italie, tendent contre lui, je « pousserais à une révolution de toutes mes forces* (1). »

(1) *Les Sociétes secretes et la Societé*, par N. Deschamps, pp. 321 et suiv., t. II. — Cet ouvrage mérite à tous égards d'être consulté.

Les confidences de Misley concordent on ne peut mieux avec ces paroles que Michel de Bourges prononçait sur son lit de mort, à Montpellier :

« J'ai mis la révolution aux mains d'un prince, per- « suadé qu'il serait contraint de la servir et de marcher « dans ses voies (1). »

Le P. N. Deschamps poursuit en ces termes :

« Ce fut vers ce temps que se tint à Paris un grand convent des Sociétés secrètes européennes et que furent arrêtées la dictature, sous le nom d'empire, dans la personne de Louis-Napoléon, et la révolution italienne. Misley en s'y rendant me montra son billet de convocation : *il était contre-signé Mocquart,* et on y lisait : *Pour arrêter les affaires d'Italie.*

« Mazzini, alors sous le coup d'une condamnation à mort prononcée contre lui en France, ne voulut s'y rendre que sur un sauf-conduit signé de Louis-Napoléon lui-même. Trois membres seulement du grand convent persistèrent avec lui à demander l'établissement d'une république démocratique. Mais la grande majorité pensa qu'une dictature ferait mieux les affaires de la révolution, et l'empire fut décrété, sur les promesses formelles de Louis-Napoléon de mettre au service de la Maçonnerie toutes les forces de la France. Tous les hommes de la révolution s'employèrent à faire réussir le coup d'Etat. Narvaez, qui obéissait en tout à Palmerston, prêta même 500.000 francs à Louis-Napoléon peu de jours avant le 2 décembre (2). »

(1) Benjamin Rampal, *Introduction au cours d'économie politique.* Cité par Deschamps.

(2) V. *Revue de France* du 1er avril 1880. *Donoso Cortes et le comte Razinsky.*

L'élément aristocratique de la Maçonnerie se séparait une fois de plus de l'élément populaire, après l'avoir fait servir à ses projets ténébreux.

C'est ainsi, d'ailleurs, que les choses se passent depuis 1789, sans que le commun des adeptes s'avise de soupçonner les meneurs de la secte.

Les maçons qui, en 1851, furent mitraillés dans les rues de Paris, traqués dans les montagnes du Dauphiné, du Vivarais, etc., et envoyés à Lambessa par les commissions mixtes, ne soupçonnèrent même pas que s'ils étaient frappés, c'était par ordre de leurs chefs.

Ces derniers n'organisèrent un commencement de résistance à la dictature qu'ils préparaient. qu'afin de justifier aux yeux de la France l'usurpation de Louis-Napoléon. Peu leur importait le massacre de quelques milliers de francs-maçons appartenant au menu peuple des Loges. pourvu que l'homme dont ils avaient fait leur mandataire fût considéré par le pays comme le sauveur providentiel de l'ordre social.

« Peu après, continue l'auteur que je viens de citer, Misley m'écrivait de Londres, où il était allé, *parce que c'était là que devait se décider l'avenir de son pays*, l'Italie, auprès de l'Orient des Orients, Palmerston, la lettre suivante, datée du 1er juillet 1853 :

« Quant aux affaires publiques, je ne crois pas à une « guerre imminente ; mais je crois que des événements ne « tarderont pas à troubler l'Europe. Je crois à une révo« lution en Espagne si la reine Christine ne s'exile pas « volontairement. Cette révolution donnera le signal à « celle de Naples. On craint la guerre pour les révolu« tionnaires, et moi je crois que, s'il y a guerre, il n'y aura « pas de révolution. Mes idées sont fondées sur des con« victions profondes et la connaissance de certaines cir« constances. J'ai aussi la conviction que *Napoléon don-*

« *nera* le signal du branle-bas plus tard et quand on ne « le croira pas. »

Le même écrivain ajoute :

« Ces prédictions se réalisèrent de point en point. La reine Christine s'exila volontairement, et la révolution n'eut pas lieu (1). Mais bientôt M. Gladstone ouvrit le feu contre les Bourbons de Naples, et un peu plus tard, le 1er janvier 1859, Napoléon devait donner le *signal du branle-bas* par sa fameuse apostrophe à M. de Hubner (2). »

Ici, le P. N. Deschamps rappelle un fait ignoré de beaucoup de gens. En 1852, Palmerston n'eut rien de plus pressé que de faire reconnaître le nouvel empire par l'Angleterre. afin d'entraîner l'assentiment des autres puissances, dont l'attitude expectante commençait à préoccuper la secte.

Le plus curieux en tout ceci est que le ministre anglais altéra, pour mieux atteindre son but, les lettres de la reine. John Russel en fit l'aveu en plein Parlement, afin de justifier le renvoi du coupable.

Voici, en effet, ce que nous lisons dans *le Cabinet anglais, l'Italie et le Congrès,* par lord Normamby :

« John Russell affirma que le secrétaire d'Etat au département des affaires étrangères (Palmerston) avait écrit plusieurs dépêches aux ambassadeurs sans y avoir été autorisé par le cabinet, et sans en avoir donné connaissance à la reine. *Il avait altéré des dépèches revêtues de la signature royale ;* et enfin ce même secrétaire d'Etat

(1) Sur la chute de la reine Christine en Espagne, voir la note du Grand-Orient d'Espagne publiée dans le *Monde maçonnique* d'août 1875, et Armand Neut, *La Franc-Maçonnerie*, t. I, p. 323.

(2) *Les Sociétés secretes et la Société*, t. II, pp. 322 et suiv.

s'était mis aux lieu et place de la couronne, négligeant ainsi et foulant aux pieds les droits de la reine, *afin de faire prévaloir son avis personnel sur l'état des choses à Paris* (1). »

Le P. N. Deschamps dit encore :

« Je vis alors, peu après le renvoi de Palmerston, Misley, qui allait à Londres. Sur ce que je lui dis de ce renvoi et de l'impossibilité du rappel de Palmerston après d'aussi ignobles abus de confiance : — *Oh ! me dit-il, on ne peut pas se passer de lui, et son rappel ne tardera pas.* — Il se fit, en effet, et même dans un ministère présidé par John Russel ! Maçon comme lui, il l'avait dénoncé au Parlement dans l'intérêt du moment et pour se sauver lui-même, et pour assurer le succès de la grande conspiration maçonnique (2). »

VI

Le premier plan des conjurés échoue. — La guerre de Crimée. — Ce que se proposaient les alliés. — Le Congrès de 1856. — La diplomatie européenne découvre ses batteries. — Attaques dirigées contre le Saint-Siège par les grandes puissances. — M. de Cavour et les ambassadeurs de France et d'Angleterre. — Réformes proposées au Pape à l'instigation du ministre piémontais. — Napoléon veut tout d'abord traîner les choses en longueur. — Pourquoi ?

Le plan des conjurés, à la tête desquels marchaient Napoléon III et Palmerston, plan qui consistait à unifier l'Allemagne au profit de la Prusse, et l'Italie sous le sceptre de la maison de Savoie, sans parler de la création d'un royaume polonais-magyar, au détriment de la Russie et de l'Autriche, échoua par le fait de ces deux dernières puissances.

(1) Traduction d'Andley, Paris, Daniel, 1860, p. 12.
(2) N. Deschamps, *Les Sociétés secrètes et la Société*, ibid.

On résolut alors de tourner la difficulté. Voici comment on s'y prit.

La France et l'Angleterre prétextèrent une lutte d'influence entre le rite latin et le rite grec à Jérusalem, pour chercher noise à la Russie et la séparer de l'Autriche. De là la campagne de Crimée, à laquelle prit part le Piémont, non parce que cet état minuscule y avait un intérêt quelconque, mais parce que, dans la pensée des conspirateurs, le Piémont devait jouer plus tard un rôle prépondérant.

La guerre entreprise par la France et l'Angleterre n'eut pas tout d'abord la Crimée pour objectif. La première pensée des alliés fut de se porter sur le Danube, afin de provoquer une insurrection en Pologne et en Hongrie.

Le prince Napoléon poussait à ce plan de campagne.

« Lorsque M. de Bruck, a écrit le César déclassé, dans une brochure qui parut en 1855, vit passer dans le Bosphore les troupes anglo-françaises se rendant en Bulgarie, sa résolution fut bien vite prise. Il précipita le dénouement des négociations entamées entre lui et Reschid-Pacha, et le traité entre l'Autriche et la Turquie fut signé le 20 juin. »

Le Prince ajoute un peu plus loin :

« Ce que l'Autriche voulait éviter à tout prix, c'était l'apparition d'un drapeau français sur les frontières hongroises; c'était l'agitation qui en pouvait résulter dans des provinces toujours prêtes à se soulever. Son adhésion était à cette condition, nous l'avons dit; elle devait être inacceptable.

« Et cependant elle fut acceptée. »

Elle semblait inacceptable au fils du roi Jérôme qui

tenait à précipiter le dénouement, afin de pouvoir pêcher en eau trouble.

Mais il n'en était pas de même pour Napoléon III et Palmerston.

Ces deux personnages cherchaient, avant tout. à séparer l'Autriche de la Russie, se réservant de poursuivre l'exécution du programme maçonnique, à mesure que les circonstances le permettraient.

La campagne dura plus de deux ans.

Le gouvernement fit deux emprunts, l'un de 500 et l'autre de 750 millions. Je ne parle pas de notre matériel de guerre épuisé aux trois quarts, de nos pertes en hommes et en chevaux, et des charges que cette aventure maçonnique fit peser sur les contribuables.

Un congrès s'ouvrit à Paris au commencement de 1856. Le but avoué de cette réunion diplomatique était la rédaction du traité de paix.

Mais, dans la pensée de la France, de l'Angleterre et de l'Italie, ou, pour être plus exact, de ceux qui les représentaient, il s'agissait de tout autre chose.

La question italienne était leur seule préoccupation.

Il y eut, au début, quelques tiraillements. M. de Cavour écrivait, en effet. en février 1855, au comte Louis Cibrario, que Napoléon III voulait ajourner à plus tard tout débat concernant l'Italie, parce qu'il attendait la naissance d'un enfant, et qu'il tenait à ce que le Pape en fût parrain, afin d'amadouer les catholiques français.

M. de Corcelles a raconté que, le 27 mars de l'année suivante, M. de Cavour, qui était à la tête de la Maçonnerie piémontaise, fit aux ministres de France et d'Angleterre, de concert avec M. de Villamarina, une communication verbale pour réclamer l'intervention du Congrès dans les affaires du Saint-Siège.

Voici quelle était la conclusion de l'homme d'Etat piémontais :

« Impuissance du Souverain-Pontife pour gouverner son peuple ; danger permanent de désordres dans le centre de l'Italie ; extension de la domination autrichienne bien au delà de ce que les traités de 1815 lui ont accordé. »

La thèse de M. de Cavour ne différait pas sensiblement de celle de Louis-Napoléon dans sa lettre à Edgard Ney. Qu'on en juge plutôt :

« On conçoit, disait encore le ministre de Victor-Emmanuel, que la cour de Rome puisse se prêter, en apparence, à l'acceptation des réformes civiles et même politiques, sauf à les rendre illusoires dans la pratique ; *mais elle comprend trop bien que la* SÉCULARISATION et le CODE NAPOLÉON *introduit à Rome*, là même où l'édifice de la puissance temporelle repose, la saperaient dans sa base et la feraient crouler en lui enlevant ses appuis principaux : *ses privilèges et le Droit canon.* »

M. de Cavour demandait que, tout au moins, on séparât administrativement les Légations de Rome.

On peut résumer ainsi le projet de réforme dont le Piémont se proposait de saisir le Congrès : « Erection des Etats pontificaux en principauté sous la haute domination du Pape, une domination toute platonique. Le nouvel Etat serait régi par ses propres lois, aurait ses tribunaux, ses finances, son armée, un conseil d'Etat, des ministres, et un vicaire pontifical *laïque*, remplissant les fonctions de maire du Palais. L'armée se recruterait au moyen de la conscription. L'exécution de ces mesures devait être confiée au GOUVERNEMENT FRANÇAIS et à un haut commissaire nommé par les puissances. Enfin, comme l'Autriche n'avait pas la confiance des réformateurs, on avait décidé que nos soldats remplaceraient ses troupes dans les Légations. »

Plus tard, Clarendon, parlant à la Chambre des Lords,

avouait que le représentant du cabinet des Tuileries et lui avaient pensé que la meilleure réponse à faire à la note en question était de se conformer à ce qu'elle demandait (1).

La France voulut avoir le triste honneur de donner au Congrès le signal de l'attaque.

Le comte Manteuffel et l'ambassadeur d'Autriche protestèrent, mais leur protestation resta sans écho.

Lord Clarendon posa en principe qu'il est des circonstances où les gouvernements ont le *droit* et le *devoir* de s'ingérer dans les affaires intérieures des autres Etats. Il ajouta que ce cas extrême se présentait pour le gouvernement pontifical.

M. de Cavour soutint la même thèse avec sa mauvaise foi habituelle.

A partir de ce moment, le Piémont, la France et l'Angleterre n'eurent plus en vue qu'un seul objectif, l'unité de l'Italie.

M. de Cavour déclarait, dans une de ses lettres à Ratazzi, que l'Empereur *désirait la guerre du fond de son cœur*. Il ajoutait, toutefois, qu'ayant eu un entretien avec Napoléon III, ce dernier lui avait conseillé d'aller à Londres, de s'entendre avec Palmerston et de revenir le trouver.

Dans le courant de juin, Cavour rappelait à la Chambre des députés que les abus dont l'Italie était la victime avaient été dénoncés au Congrès par les représentants des premières puissances de l'Europe. Puis, il ajoutait : « Un verdict rendu par la France et l'Angleterre ne peut pas demeurer stérile. »

Nous lisons dans un ouvrage que nous avons déjà cité, le *Dernier des Napoléons*, par le baron de Hübner, que sir James Hudson, ministre d'Angleterre à Turin, était le protecteur des bandits politiques dont se servait le ministre piémontais pour arriver à ses fins.

(1) V. le *Correspondant* du 25 juillet 1856, pp. 656 et suiv.

VII

Mécontentement du parti d'action qui décrète la mort de Napoleon III. — Les bombes d'Orsini. — Entrevue du Carbonaro avec l'Empereur. — Ce dernier renouvelle ses serments. — La guerre d'Italie. — Trahison des Hongrois. — Préliminaires du traité de Villafranca. — Nouvelles manœuvres de Napoléon contre le Pape. — Traité de Zurich. — Les diplomates font une fois de plus le jeu des conjurés. — Rôle du prince Napoléon auprès de l'Empereur.

Quoi qu'il en soit, les choses marchaient trop lentement au gré du parti d'action qui n'admettait pas les tergiversations diplomatiques de Napoléon III. Cette fraction de la Maçonnerie italienne en vint à croire que l'Empereur ne se souvenait plus de ses serments. Mazzini, d'ailleurs, voyait avec déplaisir que l'unification de l'Italie allait se faire au profit de Victor-Emmanuel et non de la République, objet de tous ses rêves.

Les bombes d'Orsini éclatèrent comme un coup de foudre et rappelèrent au carbonaro couronné les engagements de sa jeunesse.

La mort de Napoléon fut décidée dans le courant de l'été de 1857. On devait, en outre, supprimer le roi de Naples et deux ou trois souverains de l'Italie centrale. En attendant, la secte se faisait la main sur des personnages de moindre importance. Les assassinats politiques devinrent fréquents, à cette époque, surtout dans les Romagnes.

Napoléon III ne fut pas blessé. Mais il se tint pour averti.

On sait qu'il alla trouver Orsini dans sa prison, qu'il renouvela les serments qu'on l'accusait de violer, qu'il promit au conspirateur de donner à sa lettre-testament toute la publicité désirable, et qu'Orsini monta sur l'échafaud avec la certitude absolue que l'Italie serait une.

Au printemps de 1859, l'Empereur donna le signal du

branle-bas que Misley annonçait en 1853 à l'auteur des *Sociétés secrètes et la Société.*

La valeur française fut, pendant la campagne d'Italie, ce qu'elle a toujours été, mais la trahison des Hongrois ne rendit pas moins de services au Piémont que nos canons rayés.

Le correspondant des *Débats,* cité par N. Deschamps, écrivait ce qui suit à son journal :

« Je vis défiler les prisonniers faits à Magenta; les Italiens, qui marchaient en tête, chantaient leur victoire; les Hongrois, qui venaient ensuite, disaient hautement qu'on ne les avait pas fait prisonniers, mais qu'ils avaient mis bas les armes et refusé de se battre, parce qu'ils regardaient comme hongroise la cause de l'Italie; aussi s'empressèrent-ils bientôt de former des légions hongroises qui, sous le commandement de Türr, devaient faire une des forces de l'armée garibaldienne; les Croates seuls étaient tristes et vraiment prisonniers de guerre. »

Grâce à une manœuvre diplomatique de l'Empereur et de Palmerston, manœuvre où se révélait une fois de plus la duplicité de ces deux hommes, François-Joseph consentit à conclure la paix.

Le sixième article du traité rédigé à Villafranca était ainsi conçu :

« Les deux souverains demanderont au Saint-Père d'introduire dans ses Etats les réformes nécessaires, et de séparer administrativement les Légations du reste des Etats de l'Eglise. »

La lettre à Edgard Ney apparaissait de nouveau sous une forme moins explicite.

Dans le premier article des préliminaires, il était dit

que l'Italie formerait une confédération sous la *présidence honoraire* du Pape.

De tous les souverains expulsés d'Italie, les ducs de Toscane et de Modène devaient seuls rentrer dans leurs Etats, si leurs sujets ne refusaient pas de les recevoir.

Machiavel était un modèle de candeur à côté du carbonaro qui régnait sur la France.

Après avoir fait du Pape le *président honoraire* d'une confédération chimérique, le fils présumé de l'ancien roi de Hollande voulait mettre le comble à la dérision, en en faisant un souverain *non moins honoraire,* sous la tutelle d'un vicaire pontifical laïque exclusivement chargé du temporel.

Ces préliminaires de paix furent confirmés dans leur ensemble par le traité de Zurich.

Une fois encore, on déclara que le gouvernement du Pape avait besoin de réformes.

Les représentants des grandes puissances ne firent que répéter ce que Napoléon avait écrit à Pie IX, quelques jours après son entrevue avec l'empereur d'Autriche à Villafranca.

Le 31 décembre 1859, l'élu des Sociétés secrètes faisait savoir au Souverain-Pontife que les Romagnes étaient définitivement annexées au Piémont.

Napoléon procédait, on le voit, avec une lenteur calculée, afin de ne compromettre ni les affaires de la Maçonnerie ni ses propres affaires.

Il était toutefois obligé de marcher. Le fils du roi Jérôme avait été placé près de lui par la secte italienne afin de surveiller tous ses agissements.

Le César déclassé remplissait ses fonctions d'Argus avec un soin quelque peu gênant pour son pseudo-cousin, qui chercha plus d'une fois à s'en débarrasser sans pouvoir y parvenir.

La conduite abjecte du personnage fournissait à l'Empereur le moyen de le discréditer dans l'opinion publique.

Malheureusement les mœurs du Souverain n'étaient pas à l'abri de tout reproche.

D'un autre côté, le prince Napoléon avait entre les mains le désaveu de paternité du roi Louis. Qu'adviendrait-il du trône impérial si, poussé dans ses derniers retranchements, il s'avisait de prouver aux Français qu'ils étaient gouvernés par un faux Bonaparte. dans la personne du fils adultérin de la reine Hortense et d'un père inconnu ?

Cette préoccupation fut le cauchemar de Napoléon III pendant tout le temps de son règne.

VIII

Pourquoi l'unité de l'Italie s'est faite par soubresauts. — Conduite de Napoleon III à l'égard de l'Autriche en 1866. — Le prince Napoleon divulgue les plans de l'Empereur dans son discours d'Ajaccio. — Guerre austro-prussienne. — Napoleon III ne voulait pas d'un arrangement pacifique. — Sa correspondance avec le Prince regent de Prusse. — Le comte de Scherr-Thosz — Ses révélations. — Relations de Mazzini avec M. de Bismarck. — La guerre de 1870. — Les héritiers politiques de Napoléon III.

L'unité de l'Italie s'est faite par soubresauts. C'est qu'il y avait parmi les conspirateurs des divergences de vues nettement accusées.

Mazzini n'avait pas renoncé à son plan de république italienne. Sa soumission à la volonté toute-puissante de ses complices était plus apparente que réelle. Palmerston et Cavour voulaient comme lui l'unité de l'Italie, mais sous le sceptre de la maison de Savoie. — Napoléon, qui redoutait l'irritation des catholiques, traînait les choses en longueur, et apportait dans toute sa conduite l'hypocrite ambiguïté d'un homme qui a peur de se compromettre.

« Mais, dominé par Palmerston, dit avec beaucoup de

sens et de vérité le P. N. Deschamps, surveillé de près par le prince Napoléon, au besoin stimulé par Mazzini, il ne dévia jamais de la route qui conduisait à ce but. Toutes les fois que quelque difficulté survenait entre les comparses de ce drame, on voyait arriver à Paris le comte Arèse, grand seigneur italien, ancien ami de Napoléon. homme de confiance de Mazzini et de Cavour, et la marche de la révolution reprenait alors son cours (1). »

Je ne parlerai ici ni des brochures que l'Empereur fit publier contre la Papauté, ni de l'invasion des Etats pontificaux par les troupes de Cialdini. Ces événements appartiennent à l'histoire et le récit que je pourrais en faire n'ajouterait rien à la force de ma thèse.

La prise de Rome en 1870 n'a été que l'épilogue de cette conspiration du carbonarisme aristocratique.

Ce que Napoléon III avait fait pour l'Italie en 1859, il le fit en partie contre l'Autriche en 1866.

Nous avons dit que l'écrasement de cet empire au profit de la Prusse entrait dans les vues des conjurés.

Jérôme Bonaparte exposa le programme de la révolution avec une clarté éblouissante dans son fameux discours d'Ajaccio :

« L'heure est venue, disait-il, où le drapeau de la révolution, celui de l'Empire, doit être largement déployé. Quel est le programme de cette révolution ? C'est d'abord la lutte engagée contre le Catholicisme, lutte qu'il faut poursuivre et clore ; *c'est la constitution des grandes unités nationales, sur les débris des Etats factices et des traités qui ont fondé ces Etats ;* c'est la démocratie triomphante ayant pour fondement le suffrage universel, mais qui a besoin, pendant un siècle, d'être dirigé par les fortes mains des Césars ; c'est la France impériale au

(1) N. Deschamps, *Les Sociétés secrètes et la Société*, t. II, p. 357.

sommet de cette situation européenne ; c'est la guerre. une longue guerre, comme condition et instrument de cette politique.

« Voilà le drapeau et le programme.

« *Or, le premier obstacle à vaincre, c'est l'Autriche.*

« L'Autriche est le plus puissant appui de l'influence catholique dans le monde ; elle représente la forme fédérative opposée au principe des nationalités unitaires. Elle veut faire triompher à Vienne, à Pesth, à Francfort, les institutions libérales et parlementaires opposées à la démocratie.

« C'est le repaire du catholicisme et de la féodalité ; il faut donc l'abattre et l'écraser. L'œuvre a été commencée en 1859 ; elle doit être achevée aujourd'hui.

« La France impériale *doit donc rester l'ennemie de l'Autriche ;* elle *doit être l'*AMIE *et le* SOUTIEN *de la* PRUSSE, la patrie du grand Luther, et qui attaque l'Autriche par ses idées et ses armes ; elle doit soutenir l'Italie, qui est le centre de la Révolution dans le monde, en attendant que la France le devienne, et qui a la mission de renverser le catholicisme à Rome, comme la Prusse a pour mission de le détruire à Vienne. *Nous devons être les alliés de la* PRUSSE *et de l'*ITALIE, et nos armées seront engagées dans la lutte avant deux mois. »

Ce discours fut prononcé en mai 1865.

L'année suivante, la guerre éclatait entre la Prusse et l'Autriche.

On sait quel en fut le résultat.

Le prince Napoléon avait donc prophétisé, et prophétisé à coup sûr, car il était au courant des projets ténébreux des sociétés secrètes.

L'Empereur le blâma, mais pour la forme seulement.

Ce qui le prouve, c'est que, quelques mois après, Napoléon III avait à Biarritz avec M. de Bismarck une entrevue restée célèbre, entrevue où fut décidée la guerre austro-prussienne.

Vers la même époque, Victor-Emmanuel, ayant envoyé secrètement le comte Malagouzzi à Vienne, pour demander à l'Autriche de lui céder la Vénétie, moyennant une indemnité, les ministres de l'empereur François-Joseph hésitèrent d'abord, puis finirent par consentir. On offrit la Vénétie à Napoléon III, pour qu'il la cédât à son tour au gouvernement piémontais.

Napoléon refusa.

Cet arrangement pacifique n'entrait pas dans ses combinaisons.

Ne fallait-il pas écraser l'Autriche, suivant le vœu qu'en avait exprimé l'orateur d'Ajaccio?

L'Empereur préféra négocier une alliance entre la Prusse et l'Italie et fomenter une guerre qui ne pouvait manquer d'être funeste à ce malheureux pays.

Cela entrait si bien dans son système, qui était celui de Palmerston et des Sociétés secrètes, comme nous l'avons vu dans les pages qui précèdent, qu'en décembre 1858 il écrivit une lettre confidentielle au prince régent de Prusse, actuellement empereur d'Allemagne, pour lui exposer ses vues à ce sujet.

Ce fut le marquis Pépoli qui se chargea de la missive.

« Il y a, disait-il à son correspondant, deux grandes puissances en Allemagne : la Prusse et l'Autriche. La Prusse représente l'avenir, l'Autriche, le passé. La France, depuis dix ans, a toujours montré une préférence marquée pour la Prusse ; cela lui profitera-t-il? C'est à l'avenir à décider. »

Il prêtait gratuitement à notre pays ses préférences personnelles. Nous savons maintenant ce que nous ont valu, en 1870, les sympathies de ce politicien d'aventure pour la Prusse protestante.

« Examinons, continuait il, de quel côté sont les intérêts bien entendus de la Prusse. Ce pays, comme tout ce qui grandit, ne peut rester stationnaire, et, cependant, s'il s'allie intimement avec l'Autriche, il est obligé de rester stationnaire et même de rétrograder.

« Ce qui peut lui arriver de plus heureux, c'est de contre-balancer en Allemagne l'influence autrichienne. Mais est-ce là la seule gloire qui convienne à un nouveau règne et avec les instincts élevés et chevaleresques de la Prusse? »

Comme on peut le voir par cette pièce, qu'une revue anglaise (1) a publiée en décembre 1880, Napoléon III ne pensait pas autrement que son cousin à l'endroit de cette question. Le blâme que l'Empereur infligea à ce dernier, après son discours d'Ajaccio, n'était donc qu'une hypocrisie ajoutée à tant d'autres.

Un agent de M. de Bismarck, le comte de Scherr-Thosz. a fait paraître, en 1881, dans une revue allemande, un article intitulé : *Souvenirs.*

Ce personnage raconte que l'Empereur avait consenti, sans exiger de compensation, à ce que la Prusse écrasât l'Autriche et procédât sans plus de retard à l'unification de l'Allemagne.

M. de Bismarck qui, cependant, connaissait le programme de la Maçonnerie, s'étonna de la facilité avec laquelle Napoléon III faisait litière des intérêts de la France. « Il nous croit faibles, disait-il à M. Scherr-Thosz, ou bien il s'exagère la force des Autrichiens. »

L'agent confidentiel du terrible chancelier raconte un autre fait plus incroyable encore.

L'Autriche, vaincue à Sadowa, cède la Vénétie à la France qui doit la rétrocéder à l'Italie. Tout le monde se réjouit de voir la fin des hostilités.

(1) La *Minerva.*

Eh bien, il y eut deux hommes en Europe qui s'efforcèrent d'entraver la conclusion de la paix.

Ici je crois devoir citer l'auteur des *Souvenirs,* pour que l'on ne m'accuse pas de faire œuvre de pamphlétaire.

« Le prince Jérôme, quand je le vis, écrit M. de Scherr-Thosz, *venait de chez l'Empereur ;* il était très excité. — Vous avez bien fait de venir, me cria-t-il; *vous nous rendrez service.* — Il me pria d'aller directement au quartier-général prussien, pour avertir M. de Bismarck *de ne pas accorder une paix prématurée, ni un armistice...*

« Pendant plus d'une heure, le Prince s'efforça de me convaincre qu'il *parlait moins en son nom que d'après les désirs intimes et secrets de l'Empereur,* qui serait obligé, en sa qualité de médiateur, de conseiller officiellement la paix.

« Je devais rappeler à M. de Bismarck que le prince Napoléon avait déjà deux fois, en Italie, joué ce rôle politique confidentiel. »

On peut donc affirmer que si la Prusse, en 1870, a réduit la France à la dernière extrémité, c'est à Napoléon III et au fils du roi Jérôme que nous le devons.

Il est bon de faire observer que la presse antireligieuse, la même qui défend aujourd'hui les hommes au pouvoir, n'a cessé d'approuver la politique impériale soit en Italie soit au delà du Rhin.

Seuls les journaux catholiques blâmèrent sans hésiter les tendances maçonniques et antifrançaises du gouvernement.

L'Empereur s'aperçut à la fin du danger qui le menaçait et résolut de tenter une guerre contre la Prusse. Ses projets furent éventés par les chefs de la secte qui, n'ayant plus rien à espérer de lui, s'entendirent avec M. de Bismarck pour briser l'instrument dont ils s'étaient servis jusqu'alors.

Les relations secrètes de Mazzini avec le Chancelier datent de cette époque.

Dans les lettres qu'il écrivait, en 1867, à M. Brassier de Saint-Simon, ministre de Prusse à Florence, l'agitateur italien affirmait que le carbonarisme était prêt à seconder la Prusse dans sa lutte contre le bonapartisme.

« Je vous assure, lisons-nous dans une lettre de Mazzini du 28 novembre 1867 au diplomate prussien, je vous assure encore une fois que la *guerre contre la Prusse est une chose décidée pour* Napoléon III. En France il n'y a pas une caserne où la question ne soit déjà à l'ordre du jour. Je vous assure que X. (le roi probablement) s'est personnellement engagé à y faire participer l'Italie : ce sont des choses qui ne peuvent pas être prouvées, mais je les tiens de gens à qui je puis me fier, autant qu'à celui qui m'a révélé autrefois la convention de Plombières.

« Il est probable que l'intervention à Rome, comme je l'ai déjà indiqué dans ma première note, est de la part de Napoléon regardée comme un gage de la réalisation des promesses royales contre la Prusse, afin de neutraliser la résistance des Italiens par la promesse d'une concession quelconque relativement à Rome et au moment voulu. Je dis une concession quelconque ; car la question de Rome en soi, *c'est-à-dire la* DESTRUCTION *du pouvoir temporel, est une affaire réglée entre eux deux.* »

Mazzini ajoutait quelques lignes plus bas :

« Je considère le bonapartisme comme un danger permanent pour l'Europe. Je ne crois pas devoir m'expliquer plus longuement là-dessus. Celui qui ne le voit pas est frappé de cécité politique. Contre ce danger, il n'y a, à mon avis, qu'un moyen : c'est une entente sincère et cordiale entre l'Allemagne et l'Italie. »

Le gouvernement prussien accepta le concours de Mazzini, et ce dernier parvint à détacher l'Italie de la France.

Le correspondant de M. Brassier de Saint-Simon était bien informé, lorsqu'il disait que l'Empereur avait abandonné Rome à Victor-Emmanuel. On n'a pas oublié. en effet, que le 26 juillet 1870, alors que nous n'avions encore subi aucun échec, Napoléon rappela la brigade qui occupait les Etats pontificaux.

Le 20 août, le fils de Jérôme partait pour Florence avec ordre d'autoriser l'Italie à faire ce qui lui plairait. Le Prince l'a déclaré en propres termes dans un article que la *Revue des Deux-Mondes* publia en mars 1878.

Dignes héritiers de la politique napoléonienne, les républicains de 1870 se réjouirent de la prise de Rome. L'un d'eux, le vieux Sénard, que le gouvernement du 4 septembre avait envoyé auprès de Victor-Emmanuel comme ministre plénipotentiaire, félicita publiquement les envahisseurs.

Son admiration pour les hommes d'Etat qui n'avaient pas rougi de bombarder la Ville Eternelle, sans autre motif que leur rapacité et la haine de l'Eglise, était telle, qu'il leur offrit, au nom de ceux qu'il représentait, la rétrocession de Nice et de la Savoie.

Crispi écrivait de Florence, le 10 novembre 1870, à un de ses amis :

« M. Sénard m'a dit que la République ne pouvait vouloir retenir par la force le comté de Nice. Il m'a vivement prié de vouloir bien employer mon influence à *ajourner la question au retour de la paix.* »

Lorsqu'on sait que la guerre était résolue, depuis plusieurs années déjà, et qu'on se rappelle le désarroi dans lequel se trouvait notre armée ; lorsqu'on pense qu'au moment de la mobilisation, nos généraux n'avaient même pas un plan de campagne, on est tenté de croire que le prince Napoléon était dans le vrai, le jour où il disait que la France croyait avoir un *aigle* et n'avait qu'un *oison*.

Cet homme n'a été quelque chose qu'entre les mains des sociétés secrètes. A peine eurent-elles cessé de s'en servir, qu'il ne fut plus qu'une *incapacité méconnue*, suivant le mot cruel que nous avons cité.

La lutte de la Maçonnerie contre l'Eglise se poursuit plus ardente que jamais.

Nous croyons que le catholicisme triomphera de cette épreuve, mais nous ignorons au prix de quels sacrifices.

Beaucoup de gens se persuadent que les intérêts spirituels sont les seuls qui soient en jeu. L'avenir leur prouvera le contraire.

Un moment viendra où la lumière se fera dans leur esprit.

Non contents alors de chasser du pouvoir la camarilla dont nous subissons le joug humiliant, ils repousseront du pied les audacieux qui veulent reconstituer l'Empire, avec le concours de celui qui fut le mauvais génie de Napoléon III.

Certains catholiques sont restés les admirateurs du régime impérial. Ceux-là repoussent le César déclassé, mais nous parlent de son fils avec enthousiasme.

Je ne conteste point les vertus du jeune prince.

Je me rappelle seulement que Napoléon III se confessait à Pâques et faisait la communion à l'époque où il travaillait, comme agent des sociétés secrètes, à dépouiller le Souverain-Pontife.

Puisse la France profiter des leçons du passé !

J. Bertrand

Bar-le-Duc. — Typ. L. Philipona et Cie — 1487

Bar-le-Duc. — Typ. L. Philipona et Cie — 1487.

www.ingramcontent.com/pod-product-compliance
Ingram Content Group UK Ltd.
Pitfield, Milton Keynes, MK11 3LW, UK
UKHW032010260826
14628UKWH00005B/2404

9 782019 676391